AF562683

COUR DES PAIRS.

PLAIDOIRIE

DE Me LEDRU-ROLLIN

POUR M. DUPOTY,

RÉDACTEUR EN CHEF DU JOURNAL DU PEUPLE.

IMPRIMERIE DE LANGE LÉVY ET COMPe.
rue du Croissant, 16.

1841.

PLAIDOIRIE

DE Me LEDRU-ROLLIN

POUR M. DUPOTY,

RÉDACTEUR EN CHEF DU JOURNAL DU PEUPLE.

Messieurs les pairs,

Votre esprit attentif aura remarqué les différentes phases qu'a suivies la prévention dirigée contre Dupoty. Vous vous rappelez que d'abord, par suite d'une lettre écrite par Launois, Dupoty a été arrêté sous la prévention de complicité dans l'attentat.

Une instruction longue, minutieuse a été poursuivie ; votre commission, dans son impartialité, s'en est presque rapportée à la prudence de la cour pour la mise en accusation de Dupoty.

Dupoty a été renvoyé devant vous pour complicité, non plus dans l'attentat, mais dans le complot ; depuis, vous l'avez vu répondant aux questions qui lui étaient faites par M. le chancelier, avec une grande précision; et, il faut le dire, l'opinion publique, le sentiment commun était qu'un acquittement devait suivre les explications par lui données; car au procès il n'y a que la lettre de Launois.

Voilà cependant que tout-à-coup le ministère public, contrairement, il faut le dire, à tous les usages suivis jusqu'à ce jour, jette dans le procès dix lettres, dix articles de journaux desquels il fait résulter non plus la complicité dans le complot, mais, il l'a dit lui-même, la complicité indirecte et morale ; troisième phase du procès.

Puis voilà, au jour du réquisitoire, que toutes ces foudres sont dirigées contre Dupoty ; il n'est plus seulement un provocateur indirect, mais il est le lien, le pivot, la pensée, le mobile du complot ; et l'on appelle sur sa tête, non plus une peine légère, mais une peine des plus graves, celle de la déportation. Voilà, messieurs, en quelques mots, toutes les phases du procès.

Vous comprenez que quand nous avons vu jeter dans ces débats ces articles de journaux, nous avons pensé, tout le monde a pensé avec nous, que c'était là un procès de presse, une atteinte portée à la juridiction ordinaire du jury.

Le ministère public l'a parfaitement senti comme nous, comme tout le monde ; et ce qui le prouve, c'est que son premier mot a été de dire : non ce n'est pas un procès de presse ; tous ses efforts se sont réunis sur cette prétention ; c'est simplement un délit commun, une provocation directe, qui ne doit pas être punie par les lois qui régissent la presse, mais qui est punie par l'article 60 du code pénal.

Or, Messieurs, là est toute la question : il faut que vous le sachiez bien, il faut que le pays l'apprenne aussi. Est-ce comme l'a prétendu le ministère public, une simple complicité de complot, aux termes ordinaires du droit commun; est-ce au contraire un procès de presse, qui n'est pas de votre haute juridiction : voilà la question que nous devons examiner.

Le ministère public a dit : « C'est un complot ordinaire, une complicité prévue par l'art. 60 du code pénal. » Eh bien, examinons cette question avec sang-froid, avec mesure, car c'est une des plus hautes questions constitutionnelles. Que veut le code pénal pour que l'on soit complice d'un crime quelconque : il veut que par des machinations, par des manœuvres, par des faits matériels, on ait pris à ce crime une part personnelle et directe ; or, voici ma première question au ministère public. Que m'imputez-vous dans le complot ? Une provocation indirecte fondée sur des articles de journaux. Me demandez-vous si ces articles sont de moi ? Pas un mot ? J'aurais le droit de prouver le contraire, et pour la plus grande partie de ces articles je prouverais la vérité. (Mouvement.) Mais vous dites qu'ils sont de moi, parce que je suis gérant, et que j'ai signé le journal.

Prenez-y garde ! Vous êtes dans les termes de la loi de 1819 qui, par une fiction, a déclaré le gérant responsable de tous les articles du journal qu'il signait. Mais en vertu de l'article 60 du Code pénal, il faut démontrer qu'il y a un fait direct qui émane de moi, et non d'un autre; il ne s'agit plus de la responsabilité fictive d'un gérant, mais de la responsabilité réelle de l'individu; il faut que vous me prouviez que c'est moi qui ai écrit l'article, car si vous ne le prouvez pas, vous vous retranchez derrière la loi de 1819, et je dis que vous faites un procès de presse. (Sensation.)

Le ministère public a passé légèrement sur cette distinction. Il nous a dit : La presse peut être poursuivie comme tout autre élément de complicité : il ne faut pas, parce qu'on est journaliste, revendiquer le privilége de l'impunité. Vous avez raison : mais si la presse est punissable comme élément de complot, il faut que ce soit pour un fait direct; ce n'est plus comme gérant que vous pouvez m'atteindre, c'est comme écrivain, et pour le démontrer, il me suffira de rappeler un précédent de la cour même devant laquelle j'ai l'honneur de parler.

En 1834, on traduisit devant vous *la Tribune*. Traduisit-on son gérant? Du tout; mais le rédacteur en chef qui avait écrit. On saisit le manuscrit, et on dit à l'écrivain : « Pour être complice d'un attentat, il faut le fait personnel, vous ne pouvez pas vous retrancher derrière le gérant. L'article est de vous. C'est à vous à répondre de votre œuvre. » Voilà ce qu'on disait à M. Marrast : le ministère public a oublié ce précédent de la cour. (Sensation.)

Je poursuis : on dit que la presse, en tant qu'élément de complot, est justiciable de la cour des pairs : je me hâte de le reconnaître quant au complot et lorsque la cour des pairs l'a formellement déclaré. Mais quant au délit de presse, quel est le juge habituel, et la révolution de juillet a presque été faite pour cela, c'est le jury. Ainsi, quand la cour des pairs a déclaré que l'article qu'on lui soumet a pu être l'élément du complot, elle statue en disant : pour un instant, je voile la charte, je fais taire le droit commun au nom de l'intérêt de l'état, je me saisis de la compétence du jury; mais pour que cela soit, il faut que la cour des pairs l'ait déclaré.

Or, maintenant, arrivons à quelque chose de moins métaphysique : comment Dupoty a-t-il été renvoyé devant vous? Est-ce en vertu de la loi de 1835 ou de la loi de 1819; du tout : c'est en vertu de l'art. 60 du Code pénal et de l'art. 28 de la charte : ainsi, il a été poursuivi : pour la lettre de Launois, pour un fait personnel direct, mais non en vertu d'une juridiction exceptionnelle qui permet de vous saisir de délits de presse dans de certains cas extraordinaires. L'arrêt de renvoi est là. Vous avez dit (en vertu de l'art. 28 de la charte) : « Nous sommes compétens, nous ne faisons pas un procès de presse, mais un procès de droit commun, nous poursuivons en vertu de l'art. 60 du Code pénal : nous sommes dans le droit commun. » Et bien! vous le savez, quelque haute que soit votre juridiction, elle a ses limites ; vous êtes liés par votre arrêt de renvoi, vous ne pouvez pas, dans les débats, modifier comme vous le voulez les délits qui vous sont renvoyés, et vous ne pouvez plus sortir du cercle où vous êtes enfermés!

Maintenant, M. le procureur-général, de quoi parlez-vous : de la loi de 1819, ou du droit commun? Mais le droit commun, ce n'est pas Dupoty responsable en tant que gérant, il y a là une pétition de principes, un sophisme ; vous auriez dû y réfléchir à deux fois. Vous savez quel hommage je rends à vôtre talent éminent, et à votre caractère modeste. Je suis persuadé qu'en faisant plus que la commission, vous n'avez pas eu la prétention de faire mieux : vous savez de quels hommes elle est composée ; tous ou presque tous sont des hommes politiques qui ont passé par le pouvoir et tenu le timon des affaires ; est ce que dans votre modestie vous n'auriez pas dû vous adresser cette question : je vais chercher dans le journal des indices de complot : mais est-ce que cela ne serait pas venu à l'idée des hommes qui composaient la commission ; et s'ils ne l'ont pas fait, est ce qu'ils n'ont pas eu une raison qui les en a empêchés ? C'est que ces hommes qui savent des secrets d'état que vous ne connaissez pas encore, parce que vous êtes jeune en politique, ont dit : nous ne voulons pas porter atteinte aux lois de la presse.

Vous vous êtes, messieurs, montrés conséquens à une politique que le procureur-général aurait dû imiter. Je sais que vous détestez la violence qui veut renverser, mais vous détestez également la violence qui veut conserver, car elle est toujours l'avant-coureur de la chûte. (Sensation.)

Vous vous êtes dit : Il faut nous montrer conséquens aux principes que nous avons posés sous la restauration, et M. le procureur-général aurait dû se rappeler que sous la restauration, *la loi de tendance et d'amour* a expiré devant vous; que vous avez repoussé la loi qui contenait le système dont il veut faire aujourd'hui usage ; et que si la restauration est tombée, c'est pour avoir méconnu l'opinion de votre majorité qui ne voulait pas qu'on touchât à la liberté de la presse.

Ainsi, ce n'est pas d'un délit de droit commun qu'il s'agit, c'est d'un délit de presse, c'est une atteinte portée aux droits de la presse. Je conçois que dans le désir de conserver, M. le procureur général, votre zèle passe toutes les limites, mais la commission et les membres qui la composent ne vous permettent que d'aller jusque-là et pas plus loin, car ils sentent qu'on pourrait renverser en faisant de la violence, même pour conserver.

Voyons donc ce qui peut, dans ce procès, rattacher Dupoty directement au complot. On dit : Launois à écrit une lettre ; cette lettre a été saisie ; elle s'adresse à Dupoty, non personnellement, mais en tant que gérant du *Journal du Peuple*. Cette lettre, dit on, contient des expressions fort graves, fort scabreuses ; on y dit à Dupoty : *Cher citoyen..... Nous sommes tous vendus..... je vous serre la main.....* Au surplus, pour ne pas équivoquer sur les termes, reprenons la lettre elle-même ; la voici :

« Cher citoyen,

» Je m'empresse de vous apprendre que ce traître de Papart nous » a tous vendus pour échapper aux coups de la justice...... Je vous

» prie donc, citoyen, de prendre notre défense, autant qu'il vous
» sera possible, ainsi que le *National*. Ce monstre a soutenu devant
» le juge d'instruction qu'il avait été reçu dans une chambre en
» ma présence : c'est une chose dont je ne me rappelle pas ; nous
» sommes toujours au secret depuis notre arrestation. Adieu, cher
» citoyen. Je vous serre à tous la main.

» En attendant un meilleur avenir.

» Le temps me manque.

» Signé : LAUNOIS dit *Chasseur*. »

Voyons un peu, Messieurs, l'accusation si grave qui résulte de cette lettre : on vous dit : Prenez bien garde, la lettre contient ces mots : « ce traître de Papart *nous* a tous vendus. » Ce mot *nous* veut dire : nous y compris Dupoty à qui elle s'adresse. Je ne dis pas qu'elle ne puisse pas présenter ce sens, mais elle en offre dix autres plus raisonnables. Ainsi, ce même Launois écrivait à une dame Desfossés, et lui disait : Papart nous a tous vendus ! Or, si l'explication donnée par M. le procureur-général est vraie, ces mots : nous a tous vendus s'appliquent aussi à Mme Desfossés ; cependant elle n'est pas sur ces bancs.

Il y a une autre chose fort remarquable ; on a dit : Dupoty devait être au courant de la conspiration, autrement on ne comprendrait pas la lettre : elle ne paraît pas explicable sans cela.

Voyons un peu : l'homme qui écrit est sous les verroux : il s'adresse à un homme qui doit le défendre : si le mot *nous* signifie : *y compris Dupoty*, quelle en est la conséquence : Launois est au secret, il ne sait rien de ce qui se passe au dehors, il doit donc se dire : Si Pappart a révélé tout, Dupoty doit être arrêté. Il est sous les verroux, à côté de moi ; derrière cette épaisse muraille qui m'empêche de l'entendre, Dupoty est là qui gémit sur sa captivité ; et voilà pourtant qu'il écrit à cet homme qu'il doit croire au secret comme lui, bien plus que lui-même, puisqu'il est plus important. Il lui écrit qu'il prenne sa défense ! Mais comment le pourra-t il, puisqu'il est sous les verroux ! Launois n'a pas eu l'air d'un révélateur, et si Dupoty avait été du complot, il lui aurait écrit : Sauvez-vous ! Mais non, il demande qu'il prenne sa défense, et il va s'adresser à qui ? A l'homme qui serait compromis au premier moment où il s'occuperait de cette défense ; il écrirait à Dupoty de prendre sa défense pour jeter Dupoty dans le piége ; il faut au moins des choses vraisemblables.

Il y a plus : il demande aussi au *National* de prendre sa défense, j'en demande pardon au *National* et à ses rédacteurs, mais je suis forcé de me dire : Pourquoi ne sont-ils pas à côté de Dupoty ? Ah ! c'est que la suscription porte : A M. Dupoty, gérant du *Journal du Peuple*. Remarquez en passant qu'il ne sait pas son adresse, tandis qu'il sait très bien celle de Mme Desfossés. Si donc la suscription avait été : Au gérant du *Na-*

tional, j'aurais eu à défendre, non Dupoty, mais le *National*, et tous les argumens qu'on a trouvés contre Dupoty, on les aurait tournés contre le *National !*

La lettre me paraît donc devoir s'évanouir du procès. Ces mots : Nous a tous vendus, ne s'adressent pas au conjuré, qui serait au secret. Mais Launois a pensé que le *Journal du Peuple* pouvait avoir, de près ou de loin, une sympathie pour un malheureux, il n'y a rien autre chose, et ce mot : *cher citoyen*, ce mot, vos habitudes de haute société ne vous permettent pas de comprendre cela ; cependant quand vous écrivez à des gens que vous ne connaissez pas, mais qui exercent des fonctions avec vous, vous mettez : *Mon cher collègue.* Eh bien, dans les rangs démocratiques, on écrit : *Citoyen*, et souvent on tutoie : C'est une affaire d'habitude, d'éducation, mais on n'est pas coupable, parce que quelqu'un que l'on ne connaît pas, vous a écrit : *Cher citoyen !*

Je n'insisterai plus sur la lettre : je passe aux articles : le premier est celui du 11 septembre :

« Quant aux gardes nationaux indépendans, nous ne savons s'ils tiendront compte, à l'avenir, des ordres du jour de M. le maréchal; tout ce que nous pouvons dire, c'est que ce sera toujours avec un nouveau plaisir que nous les verrons faire connaître et saisir légalement l'occasion de crier, comme ils l'ont fait aux funérailles de Napoléon : « A bas l'homme de Gand ! A bas les ministres de l'étranger ! A bas les traîtres ! A bas les complices de Dumouriez ! A bas les bastilles ! »

Or, dit-on, ces cris sont graves : prenez garde que c'est une provocation adressée aux hommes du complot, c'est le signal de bataille qu'ils ont répété le lendemain. Avant tout, je demanderai la permission de mettre sous vos yeux la polémique engagée par le *National* et qui répondait à une circulaire du maréchal Gérard.

Des journaux avaient dit qu'il fallait que les gardes nationaux en uniforme et avec le sabre, fissent une manifestation pareille à celle qui avait eu lieu aux funérailles de l'empereur, et se rendissent au devant du 17ᵉ pour faire à son colonel un accueil honorable. Le *National* répondait :

« L'ordre du jour vient très heureusement au secours de ce rassemblement, qui se serait distingué, comme un bataillon très connu, par beaucoup de manquans. Et comme le zèle appelle le zèle, qui sait si d'autres gardes nationaux n'auraient pas aussi voulu fraterniser avec le 17ᵉ, et joindre aux hommages que méritent les braves la flétrissure qui appartient aux lâches ? M. Guizot doit s'en souvenir ; il a pu entendre, au 15 décembre, les cris formidables : A bas le ministre de l'étranger ! à bas l'homme de Gand ! »

Ainsi, voilà cette manifestation du *Journal du Peuple* en apparence si hostile, qui s'explique parfaitement par la polémique engagée entre un journal monarchique et deux organes de l'opinion radicale. Voyons la filiation des faits et comment ils ont été constatés aux funérailles de l'empereur.

Le *Courrier* s'exprimait ainsi :

« Les cris d'indignation que constate lui-même le *Journal des Débats* ont éclaté à peu près partout au passage du convoi. On cite huit légions, sans parler de la 12e, qui se sont associées avec une remarquable unanimité à cette démonstration imposante. Le ministère de l'étranger a obtenu, en faisant agir le grand ressort de la peur, une majorité de tolérance dans les chambres. L'attitude franchement hostile de la garde nationale a dû le convaincre que la population de Paris n'userait pas de la même condescendance à son égard. »

Le *Temps* constate ainsi cette polémique qui s'était établie à ce sujet entre les journaux.

« Le *Constitutionnel* dit que, sur les douze légions dont se compose la garde nationale de Paris, *huit* au moins ont fait entendre hier dans leurs rangs les cris de : *A bas les traîtres ! à bas les lâches ! à bas les traités de* 1815 ! Les renseignemens qui nous parviennent confirment ce fait, que nous ne prétendons ni approuver ni examiner. Quant au *Messager*, organe du ministère, il n'essaie pas de nier ce qui s'est passé ; il cherche seulement à en atténuer la portée en restreignant à *un très petit nombre* d'individus la responsabilité de ces cris. »

Le *Courrier* ajoute encore un article, mais j'ai hâte d'arriver à un journal qui vous convaincra davantage.

On vous dit : prenez bien garde : les cris qu'on a poussés sont ceux-ci : *Vive le 17e ! A bas le duc d'Aumale !* Ils ont une grande parité avec ceux-ci, *à bas Guizot ! à bas les traités ! à bas les complices de Dumouriez ! à bas les Anglais* ! Moi je demande quel rapport on veut trouver entre ces cris. On me dit : il y a un mot qui trahit votre pensée, mot odieux, séditieux, c'est celui-ci : *A bas les complices de Dumouriez !* Eh bien ! voici le très pacifique *Journal des Débats* constatant les cris de *à bas Guizot* ! *à bas les traîtres ! à bas* non pas les complices, mais LE *complice de Dumouriez ! à bas les Anglais* ! *à bas les forts détachés !*

Et voulez-vous savoir ce que le *Journal des Débats* pense de ces cris qui ont été poussés :

« Quelques cris de : à bas les ministres ! à bas Guizot ! à bas les traîtres ! se sont fait entendre dans un petit nombre de compagnies de la garde nationale. C'est un fait que nous n'avons pas cherché le moins du monde à dissimuler. C'est un fait très contraire à l'ordre, à la discipline, au bon sens, et nous ajoutons néanmoins un fait presque inévitable dans un régime de discussion comme le nôtre. » (Sensation prolongée.)

Or maintenant, je vous le demande, si nous avions trouvé dans le *Journal du Peuple* identiquement les cris proférés par les conjurés, je comprendrais presque l'objection : mais quand depuis les funérailles de l'empereur, tous les journaux ont déclaré que de tels cris avaient été proférés, quand le sage, le prudent *journal des Débats* lui-même déclare qu'ils peuvent être contraires au bon ordre, mais que c'est une conséquence du régime de discussion, quand un journal dit qu'il faut aller au devant du 17e, les journaux de l'opposition n'auraient pas le droit de dire qu'on pourra faire une manifestation contraire, et répéter les cris proférés aux funérailles de l'empereur !

Eh bien ! je m'adresse à tous les hommes de bonne foi, le *Journal du Peuple* a-t-il fait autre chose que les autres journaux, journaux de toutes couleurs, journaux ministériels, journaux d'opposition constitutionnelle, journaux d'opposition radicale.

J'arrive maintenant à l'article capital, à l'article qui parle de l'attentat; cet article est extrêmement grave, dit-on; c'est l'article du 14 septembre dont je parle; celui qui attribue à une vengeance particulière la cause de l'attentat. Or, s'écrie-t-on : si vous êtes du complot, vous avez intérêt à excuser le complot, vous avez intérêt à égarer l'esprit public sur ce complot; vous avez intérêt à le faire oublier.

J'avoue d'abord que ce raisonnement ne me paraît pas très péremptoire ; si je suis du complot , il est très évident que j'en connais les détails, les causes , les moyens, le but ; je n'irai donc pas dire : il s'agit d'une vengeance particulière ; car étant du complot; je sais parfaitement que la cause de l'attentat n'est pas une vengeance particulière ; je sais que le lendemain, si je dis une pareille choes, je serai démenti. On prétendra incontestablement que j'avais intérêt à donner le change ; on soupçonnera indubitablement une complicité et l'on m'accusera.

J'ajoute que, si j'étais du complot, j'avais intérêt à n'en pas parler, à le faire oublier; donc j'aurais commis une imprudence inqualifiable en lui assignant une cause qui n'était pas la véritable ; l'attention se serait portée sur moi ; j'aurais amené une discussion qui aurait pu me compromettre.

Mais, ajoute-t-on, si vous n'avez pas gardé le silence, si vous avez essayé de donner le change c'est que les exigences de votre complicité vous y contraignaient ; c'est que vos complices auraient pu se plaindre et devenir pour vous des adversaires redoutables ; ce qui le prouve, c'est la lettre de Launois qui vous demande de prendre sa défense.

Un mot me suffira pour réfuter cette argumentation ; la lettre de Launois n'a été écrite que trois semaines après l'article du 14 ; vous ne pouvez donc penser que l'article a été rédigé sous l'impression que cette lettre aurait produit.

Et maintenant, je vais démontrer, preuves en mains, que l'article n'est que la reproduction exacte, textuelle, des versions qui ont été apportées au journal par des personnes dignes de foi. Voici l'article du 14 septembre ; qu'a publié le *Journal du Peuple* :

« Des personnes qui connaissent le maître scieur de long chez qui travaillait Pappart sont venues nous informer ce soir que Papart était un ancien soldat du 17e léger, qui, ayant été mis dans le temps au cachot par ordre de M. le lieutenant-colonel Levaillant, avait déja porté à ce dernier un coup de baïonnette dans la cuisse, et avait, malgré cela, conservé encore une profonde rancune. Suivant le même renseignement, Pappart n'aurait point dissimulé cette rancune, et aurait annoncé devant son patron l'intention où il était de tirer une nouvelle vengeance. Suivant cette version, donc, ce serait contre M. Levaillant, et non contre le duc d'Aumale qu'aurait été dirigé l'attentat d'aujourd'hui.

» L'instruction commencée éclaircira sans doute bientôt cette affaire, qu'une ordonnance royale, dit ce soir le *Messager*, vient de renvoyer à la cour des pairs.

Est-ce là un homme absolu, celui qui vous dit : Voici la version qui nous a été apportée ; est-ce là un homme absolu celui qui vous dit : Une instruction est commencée ; elle éclaircira les faits ; elle révélera la vérité ; nous n'affirmons rien de ce que nous avançons.

Voici une autre preuve de l'innocence de l'article du 14 sur lequel l'accusation s'appuie avec tant d'assurance ; dans un journal dynastique, c'est du *Siècle* que je parle, dans un journal dynastique, on lit ceci :

Il règne jusqu'à présent sur l'attentat dont Pappart s'est rendu coupable un vague et une obscurité qu'il est difficile d'expliquer ; on ne comprend pas le but d'une tentative aussi criminelle et aussi insensée sur la personne du duc d'Aumale, quatrième fils du roi ; voici une version que publie ce matin le *National* et qui n'est pas démentie ce soir par le *Messager* :

« Nous devons ajouter à ces détails des faits qui nous sont transmis ce soir par des personnes qui habitent le quartier Popincourt :

Nicolas Pappart, scieur de long, demeurait dans la rue Popincourt, chez un boulanger.

C'est un ancien soldat du 17e léger. Etant au régiment, il avait enfoncé sa baïonnette dans la cuisse de son capitaine, et fut condamné à mort par un conseil de guerre. Il paraît cependant que l'on trouva, dans les circonstances ou dans la conduite antérieure de Pappart, des motifs suffisans pour demander sa grace, et il l'obtint.

Mais il avait conservé contre ce capitaine, qui est aujourd'hui arrivé à un grade plus élevé, un sentiment de haine qu'il manifestait à tout propos. Des ouvriers qui ont travaillé avec lui dans les mêmes ateliers pourront déposer qu'il lui ont souvent entendu dire : « Si X.... revient à Paris, je lui f... une balle dans le ventre. ».

Nicolas aurait donc été mû aujourd'hui par une vengeance particulière, et la balle qu'il a tirée n'était à l'adresse d'aucun des princes, mais bien à celle d'un des officiers qui était à leur suite.

Voilà les faits qu'on nous communique, et s'ils étaient exacts, peut-être le ministère se serait-il trop pressé de convoquer la cour des pairs pour un crime qui est du ressort des cours d'assises. »

Le lendemain, le même journal, toujours le *Siècle*, revient encore sur l'attentat et dit cette fois :

Nous ne savons pas encore, grâce au silence des journaux ministériels, si l'assassin a voulu tuer le lieutenant-colonel Vaillant par vengeance particulière ou bien s'il est réellement coupable d'un attentat sur la personne du duc d'Aumale. La *Gazette des Tribunaux* dit que la première de ces deux versions n'est pas possible, par le motif que Pappart n'a jamais servi dans le 17e léger. Nous ne pouvons rien affirmer ; mais nous tenons de bonne source, de la bouche même d'un négociant chez lequel Pappart a travaillé, que cet individu a servi dans le 2e léger ; on nous assure, d'un autre côté, que M. Vaillant a rempli les fonctions de capitaine et de chef de bataillon dans ce même 2e léger. Nous ne rapportons ce fait que comme un bruit.

Eh bien ! maintenant, voyons, pourquoi ne faites vous pas un procès au *Siècle* (Mouvement.) Est-ce parce que Dupoty a des opinions radicales que vous nous faites un procès à nous ? Mais le journal le *Siècle* a rapporté exactement la même chose que le *Journal du Peuple*, en disant qu'il tenait des renseignemens d'un négociant honorable ; car le fait qui vous a été raconté par le journal était connu par plusieurs personnes qui se sont empressées de le dire à qui voulait l'entendre.

Je ne veux pas abuser des momens de la cour ; je ne lui redirai pas tout ce qui a été déclaré sur ce point par les personnes dignes de foi qu'elle a entendues ; je ne relirai pas les quatre dépositions qui constatent que Pappart a dit qu'il avait voulu frapper un de ses chefs. Vous les avez encore présentes à l'esprit ; les déclarations ont été assez formelles et il est inutile de vous les remettre sous les yeux.

Mais on a prétendu deux choses sur ces dépositions, on a prétendu que le lieutenant-colonel Levaillant n'avait pas été désigné ; dans l'instruction on a dit, il y a augmentation, il y altération ; on n'avait pas nommé le lieutenant-colonel Levaillant ; on avait simplement dit le lieutenant colonel, vous avez ajouté le nom ; dans quel but? pourquoi? Eh quoi! messieurs, nous en voici réduits à une question de nom !

On a dit que Papart avait déclaré qu'il avait une vengeance particulière à exercer; que cette vengeance s'adressait à un de ses chefs; vous l'avez entendu, Messieurs, on vous l'a répété à l'audience ; on a écrit que Papart avait voulu frapper le lieutenant-colonel, mais on avait dit que l'officier à qui Papart gardait rancune était monté en grade et avait changé de régiment. Voilà la version des témoins; voilà le récit du journal; les personnes qui ont donné au *Journal du Peuple* les notes sur lesquelles l'article a été rédigé ont affirmé qu'on ne s'était pas éloigné de la vérité, que demandez-vous de plus? cela ne vous suffit-il donc pas?

Et, d'ailleurs, messieurs, les journaux dynastiques répètent mot pour mot ce qu'a dit le journal radical ; on ne leur en fait pas un crime, et cependant on poursuit ce dernier, et l'on prétend aujourd'hui qu'il n'était pas sincère ; il prouve sa bonne foi, et l'on ne veut pas y croire, et l'on ne vous prouve rien.

Comment, il n'est pas prouvé que nous étions de bonne foi, et que nous n'avions aucun intérêt à dissimuler la vérité ! Comment, vous n'admettez pas les témoignages que nous vous citons ! Comment, les faits que nous vous exposons ne sont pas des preuves suffisantes ; mais en vérité, si vous persistez à le soutenir, il restera démontré pour nous qu'il n'y a plus de preuves juridiques possibles en France... (Sensation.)

On vous dit : Dupoty appartenait au comité réformiste ; eh bien ! la plupart de ces hommes ont appartenu aux comités réformistes ; Launois a été chef de quartier du comité réformiste ; or, vous demandez le lien matériel, eh bien ! le voilà ce lien matériel. Launois n'a jamais connu Dupoty, mais Launois a connu Dourille et Dourille connaissait Dupoty ; donc Dupoty a du connaître Launois ; voilà l'argumentation de l'accusation, voilà comment elle procède, voilà comment elle parle.

Sur quoi s'appuye-t-elle ? sur une lettre écrite par Launois à Dupoty qu'il ne connaissait pas. Eh bien ! cette lettre, à moins d'être commentée par un Laubardemont, ne peut servir de base à l'accusation.

Mais, messieurs, si j'étais simplement en cour d'assises au lieu d'être devant la cour des pairs, je rougirais presque d'avoir à réfuter une pareille argumentation.

Comment ! vous dites, j'ai pu connaître Launois, pourquoi ? Parce que je connaissais Dourille ; est-ce là une preuve ? Non. Vous ajoutez, mais Dourille était attaché au *Journal du Peuple*. Nous répondrons : Dourille a été employé par le *Journal du Peuple* comme agent d'abonnemens ; a-t-il connu Dupoty, oui; mais qu'importe ? Cela ne peut rien prouver; que pouvez-vous induire de là ? Rien, absolument rien, je vous le répète. Comment ! j'ai dû connaître, j'ai pu connaître Launois; eh! que m'importe, que vous disiez cela ! N'est-ce pas à vous à faire la preuve ?... (Sensation.) Est-ce que ce n'est pas à vous à dire ; je vous accuse d'avoir connu Launois ; vous l'avez connu dans telle et telle circonstance; vous aviez avec lui tel et tel rapport ; c'est là l'obligation que vous impose la loi, sinon votre accusation n'est pas admise; votre accusation reste sans effet.

Mais maintenant, voyons donc un peu ce que c'est que ce comité réformiste, que ce comité de réforme électorale dont on s'épouvante tant.

Un mot d'abord sur la réforme, je ne ferai pas de politique, je ne rappellerai pas ce qui a été dit sur cette question par les plus grandes autorités ; mais cependant je citerai quelques paroles importantes qui ont été prononcées à une autre époque, paroles qui ont une grande valeur ici; voici ce que disait M. le chancelier de France, en 1827, à la tribune de la chambre des pairs :

« L'un des principaux objets des fonctions de l'électeur étant le vote de l'impôt, il était national que l'impôt lui-même devînt la base du droit de l'élection comme du droit d'éligibilité. Peut-être sentira-t-on plus tard que d'autres bases pourraient aussi être admises, et que d'autres capacités que celles du cens, devront aussi conférer le droit de participer à l'élection. »

(Pendant cette lecture, M. le baron Pasquier a paru très

préoccupé et s'est entretenu assez vivement avec ses voisins.)

Eh bien ! poursuit Me Ledru-Rollin, sommes-nous maintenant plus arriérés qu'en 1827 ? A cette époque M. le chancelier disait à la tribune de la chambre des pairs qu'il pourrait arriver qu'un jour on adjoignît les capacités à la liste électorale; il s'agissait de réforme et on ne la repoussait pas alors, on ne la proscrivait pas; bien loin de là, on l'annonçait dans l'avenir.

Aujourd'hui comme alors pourquoi ne s'en emparait-on pas ? Chacun en parle, chacun y songe, chacun demande la réforme à un degré ou à un autre. Voilà ce qui se passe aujourd'hui; ce qui se passait alors ; et lorsque M. le chancelier a prévu une réforme, sans la repousser, peut-on trouver étrange, peut-on trouver condamnable qu'un grand nombre d'hommes honorables viennent la réclamer ?

Quant au comité réformiste en lui-même, voyons un peu ce qu'il était. Comment ce comité était-il composé ? Dans ce comité, messieurs, on trouve six députés, huit membres de l'Institut, des avocats, des médecins ; n'est-ce pas faire connaître assez la direction de ce comité, ses intentions, ses vues ?

Eh bien ! l'on vient vous dire : prenez garde, ce comité était un centre, un pivot de l'insurrection ; on y travaillait à la ruine du gouvernement ; on y préparait le bouleversement de la société. Avec quels hommes ce comité était-il en rapport ? Voyez, avec Launois qui était chef de quartier dans les comités réformistes ; et qu'est-ce que ce Launois ? Il est devant vous ! c'est le complice de Quénisset ! Quelle opinion pouvez-vous avoir des travaux du comité central après cela ? Evidemment c'était un foyer de prédications incendiaires d'où devait sortir l'hydre de l'anarchie pour ravager la France entière.

Voilà ce que l'on vous dit; voilà le langage de l'accusation; eh bien, vraiment, n'est-ce pas dérisoire? Je ne veux pas faire passer sous vos yeux toutes les circulaires qui ont été adressées par le comité central aux citoyens ; mais il est reconnu que le comité n'a jamais dit qu'une chose, et il l'a dit à tous; il a dit que le comité central ne correspondrait jamais que pour les pétitions avec les comités de quartiers.

Le comité central n'était qu'une espèce de bureau établi pour recevoir toutes les réclamations, toutes les pétitions; il a rempli dignement sa mission; il a accueilli les pétitions qui lui sont parvenues de tous les points de la France.... Il en a été question à la chambre des députés.... et vous le savez, elles étaient nombreuses, et le nombre de signatures dont elles étaient revêtues était formidable; il s'élevait à 400,000. Je n'ai pas besoin de dire qu'on a publié les détails de toutes les opérations de ce comité central; tout a été rendu public; ainsi aucun doute ne peut s'élever sur les travaux de ce comité.

Or, à moins que vous ne disiez que des hommes comme M. Dupont (de l'Eure) qui s'est acquis l'estime et l'admiration générale, comme M. Laffitte, dont le nom vénérable était respecté au 7 août, comme M. Arago, dont l'Europe s'honore, qui peut avoir des idées avancées, mais qui n'en est pas moins une grande gloire scientifique, à moins que vous ne disiez, quand de tels hommes déclarent sur l'honneur et sur la conscience, que Dupoty était secrétaire du comité central, qu'il savait parfaitement qu'on ne correspondait que par pétitions avec les comités de quartier, qu'il n'a eu aucun rapport avec les chefs de ces comités de quartier, à moins que vous ne disiez que de tels hommes n'en imposent, vous ne pourriez soutenir que Launois, chef de quartier, a dû voir Dupoty comme membre du comité central.

Mais vous dites : Dupoty connaît Dourille, et Launois connaît Dourille; donc Dupoty connaît Launois ; mais ce raisonnement est aussi faux qu'il est misérable. Dourille n'avait avec Dupoty aucun des rapports que vous lui prêtez ; Dourille était, je vous le dis encore, employé au *Journal du Peuple*, c'est vrai, mais il l'était en qualité d'agent d'abonnement.

Vous ne pouvez pas établir la filière ; il y a évidemment un anneau de la chaîne qui vous échappe ; vous prouvez bien que Dupoty a été membre du comité central ; vous prouvez bien aussi que Launois a été chef d'un comité de quartier ; mais vous ne prouvez pas que ces deux hommes se sont vus, qu'ils se sont connus; vous ne pouvez pas les rapprocher ; vous ne pouvez pas les réunir l'un à l'autre ; et c'est ce qui vous désespère, et c'est ce qui explique tous les efforts auxquels vous vous êtes vainement livrés sur ce point ; car aux termes de la législation, c'est à vous à faire la preuve; oui, vous devez prouver ce que vous avancez, et si vous ne le faites pas, votre accusation tombe d'elle-même.

Il faut démontrer que ces deux hommes se sont connus; qu'ils ont comploté ensemble , sinon vous n'avez plus aucun droit sur Dupoty, il vous échappe.

Maintenant, messieurs, je me résume, car j'ai bientôt fini. De quoi s'agissait-il quand j'ai commencé? Je vous ai dit que le ministère public, lorsqu'il a prétendu qu'il était dans le droit commun, avait une seule chose à démontrer, à savoir : qu'il y avait eu participation directe, personnelle, palpable.

J'ai ajouté : vous , vous n'êtes pas dans le droit commun, et vous faites un procès de presse ; il prétend le contraire ; il prétend qu'il s'agit d'une complicité punie par l'art. 60.

Je lui réponds : non, je vous enserre dans un cercle de légalité où votre accusation doit succomber; c'est uniquement un procès de presse que vous faites, ce n'est que cela et pas autre chose.

Aux termes de l'artice du Code pénal, qui nous lie, avez-vous démontré la participation directe, matérielle au complot ? Non.

Je vous ai dit, et je vous ai prouvé, que les articles dont il s'agissait n'étaient que de la polémique, de la polémique qui alimentait depuis six mois les journaux, de la polémique contre laquelle on n'avait plus de recours ; quant aux articles pour lesquels il n'y a pas encore prescription, vous pouvez vous en emparer et les déférer à leurs juges naturels.

Je vous ai encore prouvé que la réforme électorale était complètement étrangère au complot que vous poursuivez.

Je vous ai démontré qu'il n'y avait pas eu de rapport entre Dupoty et Launois. Eh bien ! maintenant, que devient votre article 60 du Code pénal, et que vous tenez supendu sur notre tête. Où sont les preuves qu'il exige ? Nulle part.

Viendrez vous dire, après cette discussion : Oui, le lien est réel ; oui, la participation est directe ; quelque force de volonté, quelque persévérance que je vous suppose, en vérité je ne puis le croire.

Voyons maintenant ce que vous avez dit de la participation indirecte, de la participation morale. Eh ! grand Dieu, messieurs, viendrais-je donc défendre devant vous un procès de tendance en 1841 ; ai-je donc besoin de beaucoup d'efforts pour gagner ma cause ; croyez-vous que ma tâche soit difficile!...

Oh ! non, car, messieurs, ce que je défends ici, contre M. le procureur général, ce n'est plus Dupoty désormais hors de danger, c'est l'œuvre de votre commission... (Mouvement.) En prouvant que la commission d'instruction ne s'est pas servie de tout ce qui était dans les précédens du *Journal du Peuple*, je prouve que cette commission, avec une hauteur de vue politique qui n'appartient pas toujours à un procureur général, a rejeté certains moyens dont s'est servie l'accusation.

Voyons, quelques mots seulement sur ce point ; vous avez pris une foule d'articles ; vous les avez lus à la cour ; dans ces articles, qu'avez-vous trouvé? Un complot arrêté, concerté ? mon Dieu, non. Il y a tout au plus dans ces articles un délit : celui d'excitation à la haine et au mépris du gouvernement ; et M. le procureur général prétend cependant qu'ils contiennent une complicité indirecte. La commission n'a pas vu si loin que lui ; la commission n'a sans doute reconnu que le délit dont je vous parlais ; et cependant d'après M. le procureur général, il ne faut pas lui dire que c'est là un procès de presse, un procès de tendance ; il faudrait que vous reconnussiez que ce n'est pas là un procès de presse, mais un procès de complicité.

Maintenant, messieurs, permettez-moi, pour ne pas jeter d'irritation dans le débat, de vous citer, sur ce point, des paroles qui ont été écrites par un homme grave :

« La justice a d'autres formes, mais la politique prouvera

qu'il y a eu complot, indépendamment de ce qui se rapporte aux hommes qu'elle accuse; elle le prouvera par une multitude de circonstances auxquelles ils sont parfaitement étrangers, dont ils n'ont nulle connaissance, dans lesquelles leur conduite ne se rencontre ni de près ni de loin : et quand ils auront réuni tous les élémens de crimes qui se peuvent recueillir hors de l'accusation nominative qu'elle a intentée; quand elle aura interrogé les dispositions publiques, les événemens passés, les paroles ou les actes d'hommes qu'elle ne poursuit pas, mais dont les opinions ont quelque analogie avec celles des hommes qu'elle poursuit; quand par un immense et uniforme travail elle aura réussi à composer quelque chose qui puisse frapper l'imagination des assistans qui, dans un dédale plein de confusion et d'obscurité, fasse entrevoir le crime, bien que dépourvu de formes individuelles et précises... alors armée de ce crime dont elle a puisé partout et de toutes mains les élémens, elle viendra dire : vous le voyez, le fait est constant; il y a eu complot, un grand complot; maintenant je dis que ces hommes là sont coupables, c'est un système qui, à l'occasion d'un fait particulier, jette un grand filet dans la société pour en retirer tous les moyens d'attaques, toutes les armes, toutes les preuves que la société lui pourra fournir. A la faveur de ce système, toutes les croyances aveugles, toutes les méfiances invétérées des partis, sont évoquées et dirigées sur un seul point, contre quelques individus. »

Ces paroles sont de M. Guizot, à une époque où il caractérisait le juge qui avait inventé les faits généraux en matière de complot. Ce juge, c'est Jeffries, monsieur le procureur général, il a pu recevoir, lui aussi, les éloges d'un ministère près de sa chute ; mais en présence de la redoutable histoire, il a laissé un nom flétri par la postérité (1).

Voyons donc ce que le ministère public a voulu dire quand il a parlé de la participation indirecte et de la provocation morale. Il a dit, ce qu'on a répété bien des fois avant lui ; il a dit, mon Dieu ! c'est la presse qui arme les régicides, c'est elle qui leur met le poignard à la main !

Mais, Messieurs, il y a eu des régicides avant l'apparition

---

(1) Il ne saurait être inutile de faire connaitre comment la direction donnée aux débats devant la cours des pairs est jugée en Angleterre, même par la presse modérée. On lit dans le *Sun* :

« Les journaux libéraux français de lundi sont pleins de commentaires sur l'interrogatoire de M. Dupoty, éditeur du *Journal du Peuple*, accusé de complicité dans la conspiration de Quénisset et de ses associés.

» Il n'a jamais été porté de charges plus déplorables contre un accusé, et jamais elles n'ont été plus victorieusement repoussées.

» *L'interrogatoire du prévenu aurait fait rougir le fameux juge Jeffries, lui-même.* »

de la presse ; il y en a eu trois : Clément Ravaillac, Damiens, Chatel... Alors on n'accusait pas la presse de les avoir armés, mais on accusait la religion... Eh bien! messieurs, je le dis avec assurance, cette première accusation est aussi fausse que la seconde... La religion n'est pas plus complice que la presse des régicides qui ont été commis par des fanatiques sombres, isolés.

Encore un mot, messieurs, permettez-moi de vous faire remarquer qu'à toutes les époques, dans toutes les circonstances, les partis se sont jetés à la tête d'atroces injures, d'injurieuses accusations. Rappelons-nous la conspiration de Louvel.

Voici ce que l'on écrivait après le crime :

« La main qui a porté le coup n'e t pas la plus coupable : ceux qui ont assassiné monseigneur le duc de Berry sont ceux qui depuis quatre ans (les quatre premières années de la restauration) établissent dans la monarchie des *lois démocratiques* ; ceux qui ont banni la religion de ces lois ; ceux qui ont cru devoir rappeler les meurtriers de Louis XVI ; ceux qui ont entendu agiter avec indifférence à la tribune la question du régicide ; ceux qui ont laissé prêcher dans les journaux la *souveraineté du peuple*, l'insurrection et le meurtre, sans faire usage des lois dont ils étaient armés pour réprimer les délits de la presse ; ceux qui ont favorisé toutes les fausses doctrines ; ceux qui ont récompensé la trahison et puni la fidélité ; ceux qui ont livré les emplois aux ennemis des Bourbons et aux créatures de *Buonaparte* ; ceux qui, pressés par la clameur publique, ont promis de changer une loi funeste, et qui ont ensuite laissé trois mois s'écouler, comme pour donner le temps aux révolutionnaires de se reconnaître et d'aiguiser leurs poignards : *Voilà les véritables meurtriers de monseigneur le duc de Berry.*

Je ne ferai pas connaître l'auteur de cette phrase par respect pour le nom illustre de celui qui l'a écrite (1).

On trouve dans les écrits du temps des paroles telles que celles-ci :

« Qui a corrompu le cœur, exalté la tête, dirigé le bras du meurtrier ? C'est vous, écrivains factieux, qui depuis long-temps prêchez la révolte et le sacrilége ; qui encouragez le crime en le justifiant. »

Plus loin, on lit encore :

« Cent mille ministres comme MM. Decazes et Pasquier, un million de journaux comme le *Moniteur* et le *Journal de Paris* s'écrouleront avant que la société, instituée par Dieu, cesse de saisir les rapports qu'il y a entre les crimes et les fausses doctrines. » (Vive sensation.)

Je pourrais multiplier les citations à l'infini... Je me bornerai à celle-ci :

« Mais que dis-je ! non, ce n'est ni parmi vous, ni parmi les écrivains qui fonctionnent et propagent vos doctrines qu'il faut cher-

---

(1) Nous entendons autour de nous circuler le nom de M. de Châteaubriand.

cher des coupables..., Révolutionnaires par système, TUEURS DE ROIS *par principe*, vous avez fait votre métier! Les brigands qui ont une fois foulé aux pieds toutes les lois divines et humaines ont raison de profiter de la tolérance que leur accordent les dépositaires du pouvoir et de la force destinée à les réprimer et à les punir.

» Le premier coupable, c'est l'homme funeste qui, depuis quatre ans, n'a employé l'autorité et la confiance que le roi lui avait remises pour consolider la monarchie, qu'à miner tous les fondemens du trône, qu'à frapper tous les amis de la légitimité (c'est Martinville qui parle), qui n'a eu de récompenses que pour la félonie et le crime, et des persécutions que pour l'honneur et la fidélité, qui a réchauffé, nourri, caressé, déchaîné le tigre révolutionnaire; qui a encouragé, soudoyé, tous les distributeurs publics de poisons. Oui je vous nomme et je vous accuse, et la France et l'Europe entière joignent à ma voix leur cri *accusateur* : OUI, M. DECAZES, C'EST VOUS QUI AVEZ TUÉ LE DUC DE BERRY. »

Quant on à vu de pareilles choses, de pareilles calomnies, d'aussi cruelles injures que se sont adressées les partis, croirez-vous ceux qui viendront vous répéter aujourd'hui que c'est la presse qui arme les régicides?

Si je ne rougissais de rappeler un pareil langage, je vous redirais les paroles de Martainville, aux obsèques du duc de Berri : « On n'a pu offrir au duc d'Orléans qu'un coussin *sans glands* !... » (Mouvement.)

Eh bien! viendrez-vous dire encore que c'est la presse qui arme les régicides; nous vous répondrons : non! Les crimes écrits dans l'histoire ne sont pas les crimes de la religion; les forfaits plus récens qui nous ont épouvantés ne sont pas les forfaits de la presse.

On reproche a Dupoty ses doctrines ; on dit que ses doctrines sont mauvaises, qu'elles sont subversives, qu'elles portent atteinte à la société... Ai-je besoin de vous dire, Messieurs, que je n'ai pas à défendre l'opinion d'un homme ; mais, je dois le dire en passant, les doctrines de Dupoty partent d'un sentiment généreux, d'un sentiment de conviction ; elles ne sont pas dictées par l'ambition... Dupoty, messieurs, a tout à perdre et rien à gagner à un bouleversement... Dupoty, messieurs, a une position brillante; ce n'est donc pas par calcul que Dupoty professe les doctrines qu'on lui reproche.

Il faut dire, en vérité, messieurs, ce qui l'a jeté dans la voie où nous le trouvons aujourd'hui; c'est la sollicitude dont tous les honnêtes gens sont animés pour les classes ouvrières; ces classes souffrent ; elles sont minées par un mal réel, par un mal profond ; il faut tâcher d'y porter remède et le plus rapidement possible: la concurrence, l'invention de nouvelles machines, le nouveau mode de commerce, ont aggravé encore la position fâcheuse des ouvriers ; les statistiques du gouvernement ont constaté qu'il y avait huit millions de Français dans la misère. Eh! bien, quand Dupoty vient vous dire qu'il veut la réforme sociale ; ce qu'il demande, c'est l'organisation du travail, dans le but de préparer un avenir meilleur aux classes laborieuses.

Ce n'est pas l'atteinte à la famille qui le préoccupe, lui, car il chérit la sienne..... (Sensation.) Ce n'est pas l'atteinte aux beaux-arts.... car il en est un admirateur et un appui.... Ce n'est pas l'atteinte à la propriété, car il sait que la propriété est attachée à la stabilité dans l'ordre social.... Dupoty est un ami du progrès; il veut une réforme, il est vrai, mais une réforme morale, une réforme dans l'intérêt de tous.

Un seul mot en terminant, messieurs, mais un mot qui fera, je pense, quelque impression sur vos esprits, n'allez pas réaliser cette prédiction qu'a faite l'honorable M. Royer-Collard, dans la discussion des lois de septembre, lorsqu'il a dit: « On veut faire de la pairie une cour prévôtale de la presse... » (Longue agitation.)

www.ingramcontent.com/pod-product-compliance
Lightning Source LLC
LaVergne TN
LVHW020452230826
846091LV00008BA/3160

* 9 7 8 2 0 1 9 2 8 4 5 4 1 *